REINER BONACK * Manchmal höre ich noch etwas von Chopin

Reiner Bonack

Manchmal höre ich noch etwas

von Chopin

Gedichte

Bibliografische Information der Deutschen Bibliothek:
Die Deutsche Bibliothek verzeichnet diese Publikation in der
Deutschen Nationalbiografie; detaillierte bibliografische Daten sind
im Internet über http://dnb.ddb.de abrufbar.

1. Auflage, 2020
© Reiner Bonack
Titelbild: Acrylmalerei: Angelika Bonack
Herstellung und Verlag: BoD - Books on Demand, Norderstedt
ISBN 978-3-7528-9513-1

FÜR ANGELIKA

Wart auf mich –

irgendwo

Ich finde Dich

WAS SICH MIR EINSCHRIEB

Am Abraum
(Rückblende)

Efeu wuchert über
das alte Holz des Schuppens

Der Kirschbaum bildet
ein Weltall aus
Laubwerk und kleinen Sonnen

Jemand,
vor seinem Tod,
mit der Wucht des Wagens wird
die verbliebene Kastanie
am Straßenrand fällen

Im Handschuhfach
wird man ein Hufeisen finden,
verlässliche Nachricht aus
dem verlassenen Ort

Sommerlang noch
wächst Efeu über
das alte Holz,

fressen Stare
das Weltall leer

Rückkehr
(Meiner Mutter gewidmet)

Weißt du noch, die Luft
ist wie die Atmosphäre der Venus,
hast du damals gesagt,
sagte sie – wir
waren vor ihrem Tod
noch einmal,
nach vielen Jahren,
in S.

Weißt du noch
Weltall Erde Mensch
lag vor dir
auf dem Küchentisch,
im Radio, viel zu laut
für die Ohren hinter den Wänden,
kreischten diese
langhaarigen Gammler, stand
der Wind schlecht, zog
Rauch und Gestank wie von faulen Eiern,
Brikettfabrik, Kokerei, Synthesewerk, Qualm
der Töfftöffs – diesen Hühnerschrecks,
von den Kippern, LKW, Wartburgs, Trabants ...

Wie in der Atmosphäre der Venus,
hast du gesagt, obwohl
über die Venus damals
noch wenig bekannt war, und wir
selten Sterne sahen, nachts,
nur von fern, manchmal
das blaue Blitzen der Grubenbahnen,
und, jetzt, nicht zu glauben, liegt
die Stadt an einem See,
und wir
haben kein Badezeug mit –

ich hatte das alles
fast vergessen,
und du –
du weißt das noch?

9

Rücksicht

Diese verlorenen Sonntage,
die nichts forderten als
nur da zu sein, mit frisiertem Lächeln,
bitte gibst du mir freundlicherweise
die Milch, Tante Paula
hat dich sogar schon, danke,
verteidigt als Kind, obwohl du es uns
nicht leicht gemacht hast, allein
der Ritt auf dem Giebel des Daches,
die dreisten Antworten, weißt du noch,
deine Schuhe hielten
nur einen einzigen Sommer,
bis du dich, eines Tages, geschämt hast,
wenigstens vor
den Mädchen der Klasse, nimm
noch ein Stück, ich backe ja längst
nicht mehr selbst, obwohl
Paula sagte, das wäre doch
ein Fest, wenn du kommst, greif zu,
es ist, du weißt es,
genug davon da

Diese verlassenen Sonntage,
sage ich leise,
wer bringt auch nur einen
davon zurück

Was ich wusste

Ich hatte noch keine Ahnung
von den versteckten Düften der Mädchen

Unergründlich war mir, warum
die bucklige Martha von Mieths
an jedem Sonntagmorgen
mit ihrem Fahrrad den Umweg
durch die Scheunenstraße nahm,
um zu Tischler Kurt zu gelangen,
der im Anbau hinter der Werkstatt wohnte

Geheimnisvoll erschien mir, warum
die Nacht den am Vortag
frisch gefallenen weißen Schnee
dauerhaft dunkel färbte wie
die Gesichter der Kohlenträger

Ein Rätsel auch, warum
meine erste Lehrerin, Frau Z.,
bei Nacht und Nebel
westwärts in Richtung
der goldenen Berge verschwand,
obwohl die Nächte
in jenem Mai wie selten
sternklar gewesen waren

Unverständlich blieb,
von welchen lichten Zeiten
die lauten Sprecher im Radio
vor dem Wetterbericht sprachen

Nicht deuten konnte ich
den wehmütigen und gleichzeitig
entschlossenen Ton in Großvaters Stimme:
Du sollst es
einmal besser haben

Ich sah noch nicht
den Dampf der Lokomotive,
die mich wegziehen würde
in die weitere Welt

und bis in die Welt
der Bücher

Unbekannt war mir
die Tatsache, dass
das Ungesagte in Gedichten,
bei Hilde Domin beispielsweise,
mehr mitteilen kann
als das deutlich Gesagte

Nichts wusste ich
von einem Klavierkonzert,
das lange nach seiner Entstehung
geschmückt wurde mit
dem Namen Elvira Madigan

Was ich wusste aber:
Dass nach einem Krieg
schwarze, freudlose Frauen zurückblieben,
und ihre lautlosen Seufzer
am Tisch der *Volkssolidarität*
jeder hört

Traum, gestern

Ich floh, riss mich los
von der Leine der Stimme,
die mich hielt
seit langem in diesem
von Wänden begrenzten Hof,
das Tor stets verschlossen,
riss mich los, erhob mich, flog
wie ich es nie zuvor vermochte,
und die grünen Köpfe der Bäume
hinter der Scheunenstraße nickten
mir aufmunternd zu, als hätten
sie Sehnsucht mir zu folgen,
ein Junge, an seinem Sandkasten,
in dem ein kleines Segelboot lag,
winkte – und
der Junge war ich

Großvater

in schmaler Stunde
nach den dunklen Jahren,
wenn die Arbeit des Tags getan war, saß
auf der Bank vor dem Haus,
den Daumen am Rädchen
des Feuerzeugs ließ er
Funken springen, als gingen
der Sommernacht und meiner Kindheit
die Sterne bald aus

Kindheitsidylle, abends

Pünktlich, zu ihrer Zeit,
man konnte die Uhr danach stellen,
wurde die Katze gefüttert
auf dem Hof

Der Nachbar kam, wie immer
mit seinem Fahrrad,
nahm Platz und schnappte
die Bierflasche auf

Er, Großvater, Onkel
Helmut und Tischlers Kurti
orakelten über Regen,
Garten, Holz und die Grube

Großmutter,
noch immer mit Schürze,
schnipselte Mohrrüben
für den Eintopf der nächsten drei Tage

Und ich, zwischen den Stimmen,
saß still, bis jemand merkte:
Der Junge
ist ja noch auf

In meiner Gegenwart
sprachen die Männer
auf der Bank vor dem Haus
niemals vom Krieg

Zeitzeichen

Ein Streifen Licht fiel
von der Straßenlampe durch
die Jalousie auf
mein Bett neben dem
der Großeltern

Einmal waren wir
auf dem Dorf gewesen,
Schlachtfest, das Kreischen
der Schweine drang
bis in die hinteren Räume
des Hauses, wo ich
mit Tante Helga,
zwei linke Hände, Mimose, fern
meiner handfesten Verwandtschaft,
Tiere malte
und verkrüppelte Bäume

So
ein Kreischen drang auch,
gedämpft durch
die Häuser der Vorstadt,
aus wüsten Weiten
des Abraums, *dort*
schreit die Erde, schrie
bis in den Schlaf, über dem
die Wanduhr, *die,*
ist noch von deinem Urgroßvater,
in meine Träume tickte
die Zeit
nach den zwei Kriegen

Frieden

In den Gesprächen war noch das Echo
der verstummten Rufe in den Kellern,
der niemals erstorbenen Stimmen
im Dunkel der spärlichen Feldpostbriefe
Aber am Himmel über der Bank auf dem Hof
versammelten sich ohne Gedröhn erneut
die einstmals vertrauten Sterne

Scheiben, wrasenbeschlagen,
im Kessel brodelte Lauge
Wunde Hände
strichen am Abend
des Waschtags sanft durch mein Haar

Auf der Schwärze neben der Hand
schimmerten erste Worte,
knirschte, so schien es,
die Schiefertafel wie ich
mit den Zähnen

Gezügelt, artig
noch immer, als ginge ich
an Großmutters Hand

Ein kleiner Zirkus rollt an,
winken will ich – winke nicht

Frühling

Durch den blauen Ozean
über den kleinen Gärten
zischten die Schwalben

Jedes Jahr,
wenn der Schnee schmolz,
das Licht wuchs
von den Hüten der Häuser
zur Erde,

begannen die Augen
aller zu warten auf
diesen beflügelnden Moment
gewöhnlicher Freude vor
der gewohnten Arbeit

Und ich weiß nicht,
was ihnen am meisten fehlt,

jetzt,

in ihren neuen Behausungen,
in ihrem wie ausgekohlten Leben
unter arktischer Landschaft

der Wolken über dem Stadtsee

Was sich mir einschrieb

Der zersplitterte Himmel
in den Fenstern
der entleerten Häuser
Die Stockrose, die
aus dem brüchigen Gehweg wuchs
Das Licht ihrer Blüten,
als kehrte noch einmal
jemand zurück,
hätte Augen dafür
und nähme es mit

Grund

Einer geht abends
regelmäßig zum Ufer,
lauscht, als warte er
auf etwas, das sich öffnet
vor ihm,
oder in ihm,
dass der Klang
einer Glocke vielleicht
tröstet als wäre
nichts geschehen,
und wiederholbar das,
was nicht absinken kann
in seinem Gedächtnis,
absinkt aber
in der entgleitenden Zeit

In diesem See, heißt es,
kann man am Grund
durch die Reste einer
kleinen Kirche tauchen

Station

Wir trafen uns
an jenem kleinen Bahnhof,
wo es auf dem Vorplatz noch
eine steinerne Litfaßsäule gibt
Und trotz ihrer kahlen, kalten Haut
erinnerte sich jemand
an die kleine Zirkusreiterin,
vor der er stehen blieb, lange,
auf seinem Schulweg, bevor
sie eines Tages davonritt,
das schöne Segelschulschiff im Blau
ihren Platz einnahm, sie ersetzte
Das müsste man aufschreiben, sagte er
melancholisch und gleichzeitig
begeistert – aber
was ist schon Poesie,
wenn sie Idylle nicht
mit spitzigen Disteln bespickt

EINST SCHNAUBTEN LEISE

WEISSE NEBELPFERDE

Später Nachmittag

Aus dem Fenster des Hauses
hinter dem alten Inselfriedhof
sehe ich, aufblickend aus einem
angefangenen Gedicht
ein kleines Boot,
meerwärts fährt es
dem Dunkel entgegen,
dem rauen Wind,
und mir verbieten sich plötzlich
alle Vergleiche mit meinen Ausfahrten
– wie ich sie, anheimelnd fast, nenne –
auf der unbewegten Geduld
des Papiers

Unerwartete Begegnung

Überrascht
stand ich vor Jesus
Er lebte
auf dem Altarbild
der kleinen Kirche
jener gottverlassenen Insel
am Rand des Königreiches,
spielte
mit Straßenkindern

Im stillsten Winkel
der Stille das Bildnis
eines Heiligen
erinnerte entfernt an
Dr. Marx

Später kam noch
ein Hund dazu,
sah aus
wie gemalt

Paradies

Wo die schnellen Boote ihre weißen Zeilen schreiben auf
blauer Tinte

Wo die Erinnerung verwandelt ist in kleine Schiffe in gläsernen
Bäuchen genormter Flaschen

Wo sich das Wort Ferne entkleidet hat bis auf die nackte Haut
des Wassers über seichtem Grund

Wo die Sterne abends vom Himmel geholt werden und am Traum-
strand zum Anfassen nah auf der Bühne stehn

Wo das Schicksal des abgefahrenen und mittags vermissten Kellners
verbannt ist hinter die Grenzen gebuchter Wahrnehmung

Wo das Gedächtnis nachtlang die Erinnerung bewahrt
an den eigenen Platz, den man einnahm am Vortag

Wo nichts darauf hinweist, dass die Idylle nur
ein prall gefüllter Luftballon ist

Bergeinsamkeit, Stille

Über den leuchtenden Segeln
der Wolken war Sonne,
längst getrocknet die Haut
der schlafenden Steine am Pfad –
jäh aber, als ich ausglitt, griff ich
durch Zeiten in tieferen Grund

Vielleicht kommt es wieder, das Meer,
sagte der Bergführer, und es holt sich
seine einstmals verlorenen
 Muscheln zurück, vorerst
in tieferen Tälern zwischen
den künftigen Inseln

Und ich, in der Stille, sah nun
durch die Seile der Bahnen
und um die Kanzeln der Kirchlein
Kabeljau, Flunder und
Ertrunkene treiben,
während über mir schon
gnadenlos blaute
das eben beschworene Meer,
ein silberner Fisch darin zog
seine Bahn mit weißem, zerfließendem Schweif

Handy
Nachricht
Foto 1
Bildunterschrift

maulesel tragen den staub
von den feldern bis in das dorf,
die straße, steinig, ein acker, gift
für die schuhe, aber, am rand,
hocken frauen mit schwarzgerahmten
gesichtern an kniehohen tischen,
verkaufen melonen, schatten
von spärlichen bäumen wie in der zeit
vor den uhren, unmerklich für uns
wandern sie mit der sengenden sonne,
vor einem haus, auf einem stuhl,
gebeugt, mit zusammengekniffenen augen,
liest jemand noch zeitung,
wir müssen jetzt weiter

Handy
Nachricht
Foto 2
Bildunterschrift

sogar die zikaden waren verstummt
in dieser glutenden stille des mittags,
und auch die steine schwiegen,
sie lauschten vielleicht noch immer
einer für uns nicht hörbaren,
nicht ahnbaren wunderbaren musik
aus der ferne der zeit

ich wurde ganz ruhig, sah
die geschichte hinter der stille,
das blitzen der schwerter im licht,
hörte das fauchen der flammen,
verlorene stimmen der frauen und Kinder
im tempel auf dem rücken des hügels,
spürte plötzlich bis unter die haut
die in blut eränkten gesänge

die anderen waren
längst weitergegangen

Zurückgekehrt

Lastesel, klapprige LKW, Katzen,
abgehärmt, mager,
mit stumpfen Augen wie
nach einem Krieg,
und auch die Steinhügelchen
hinter Olivenbäumen
erinnerten irgendwie
an Gräber –
und da fiel mir ein:
Dort war ja vor Jahren
wirklich Krieg gewesen
Weißt du, sagt sie, ich hatte
plötzlich für nichts
anderes mehr einen Blick,
fand keine Tröstung

Legende

Geschehen ist,
dass die verbliebenen Krüge
zu tönernen Särgen wurden dem Wein

Geschehen ist,
dass die Schatten sich nicht mehr
lösen konnten vom Stein

Geschehen ist,
die Abschiede endeten
vor ihrem Beginn

Geschehen ist,
die Unschuld der Tauben verbrannte
verlor ihren Sinn

Geschehen ist,
dass ein Käfer über die Öde flog
am Fuß von fernen Blüten Staub

Geschehen ist,
es fiel wieder Schnee, er brannte
nicht mehr wie Asche in erblindetem Aug

Moment

Schön, wie der grüne Streif
des Schilfes ausläuft vor tieferem Wasser,
das sich verfärbt, dort,
in dunkleres Blau und den gelben
Schimmer des Grundes verliert

Schön, sage ich, aber
du weißt, *das Schöne ist nichts*
als des Schrecklichen Anfang,
Unverlierbar
ist diese Prägung, und selbst
es geschähe nicht, es ist
eingeschrieben in uns und prägt
auch diesen Moment –
sag
weiter nichts, ich weiß, auch du
siehst den leblosen Körper
des Vogels hinter
dem grünen Streif

Rast

Der versandete Bach
Das erstickende Schilf
Die Grillen, leiser,
als litten sie ebenfalls
unter der nördlichen tropischen Hitze

Hier, sagt der Alte, ließen wir
damals Papierschiffchen treiben, bliesen
Frösche auf, sahen, später,
zu Zweit meist, den Mond,
wie Sternschnuppen zischten
die Kippen ins Wasser

Manchmal höre ich noch
die entfernten Stimmen
und drehe mich um,
dreht sich um,
geht

Nicht zu leugnen

Ich weiß, auch du, wendest du dich
nicht ab, siehst Zeichen nicht
verdorrender Hoffnung
Das Mädchen, das einem Raben,
während es langsam
ein Brötchen zerbröselt,
vom kommenden Winter erzählt
Den Jungen, der, was du lange nicht sahst,
ein Borkenschiff treiben lässt hin
bis zu den fernsten Inseln, indes
sein Vater den Kopf schüttelt, eilig
zum Aufbruch drängt,
jemand die jungen Bäume am Rand
der Straße wässert in diesem
sengenden Sommer, und du
dich nicht täuschen lassen willst,
dir von irgendwoher die Luft
zuflüstert den Anfang
eines Gedichts

Unterwegs

Kein Tag, sagt er, ist
mit einem anderen Tag vergleichbar,
zündet sich eine Zigarette an,
steht,
raucht,
schultert den Rucksack,
zieht
mit seinem Wägelchen
in einer Wolke davon

Einst

schnaubten leise
weiße Nebelpferde,
zählte
ein verlogener Kuckuck
meine künftigen Jahre,
summte ein Weltall
zwischen den Gräsern
nah
an meinem Ohr,
war ich der Wiese verwachsen
fast
unsterblich,

einst

Schöne Landschaft

Hinter dem Meer
summt der Wald,

summt der Wind,
summt der Sommer,

durch den Sommer
führt ein Pfad

in einen Text
weiter und

wieder hinaus,
endet

vielleicht nicht am Rand

Warum

Warum die Flügel ablegen
nach dem Ausflug wie ein Billett
für die Bergbahn, das
im Nachtschrank vergilbt

Warum keine Laterne suchen,
um sich in den Schatten zu setzen,
abseits
der blendenden Worte
der Blender

Warum die wirklichen Sterne,
denen ich folgte, tauschen
gegen den Schein
der Universen hinter
Displays und Schirmen

Warum einen Augenblick
des Glücks verleugnen,
als schminkte er schön für allezeit
die geschundenen Seelen und Leiber,
die Wälder, die Meere

Warum gehen mir dennoch
die Fragen nicht aus
inmitten tauben Gesteins
aus Verheißung, Verdrängung,
Leugnung, Vergessen

Warum sollte ich kein Gedicht schreiben
mit dem Geschmack des Tees,
den ich süße, trinke
zwischen den Nachrichten aller und
aus aller Welt

Warum
die Flügel ablegen

TROPFEN REGNEN

AUS EINEM FERNEN KLAVIER

Fliegen

Die winzige Fliege, unbemerkt
beim Zuklappen des Buches
verendet, ein wenig Staub nur
nach Tagen, geflügelter Fleck
vor dem Weiterlesen zwischen den Zeilen:
O Tod! Tod,
du bist keine Lösung!
Fledermäuse müssen Fledermäuse sein. –
Fliegen Fliegen, sage ich

(Zitat aus: Vögel, Blumen und wilde Tiere von D.H. Lawrence,
1885-1930)

Miszelle
(für Wahid Nader)

Myron, griechischer Bildhauer vor unserer Zeit,
schuf ein Denkmal für eine Grille
Anyte, griechische Dichterin vor unserer Zeit,
beschrieb, wie ihre Freundin Myro
eine Grille und eine Zikade bestattete
Wahid, syrischer Dichter in unserer Zeit,
beschreibt, wie eine Lerche
ihr Nest sucht im Rauch,
während die Myrte brennt.
Bewegt nehme ich Kenntnis
von bewegenden Themen und Haltungen
in der Kunst

Prosaische Notiz

Sagen Sie, fragte mich ein Tourist,
der aussah wie ein Versprengter
aus einem anderen Jahrhundert,
sagen Sie, und er tauchte die Hand
ins Wasser des Eulenspiegelbrunnens,
es gab doch in dieser Stadt einst
einen gewissen Herrn Weinert, der
Gedichte schrieb gegen
das Vakuum in den Köpfen

Gab es, sagte ich, und
es gibt ihn, noch immer, er fristet
sein freudloses Dasein jetzt
auf dem Hinterhof am Haus
der hiesigen Dichter

Und ich wies ihm den Weg
durch das Gewirr
von Umleitungen,
Sackgassen,
Einbahnstraßen,
Gruben
und Gräben,
und er
rückte die Kappe gerade,

sprang los

Tropfen

Manchmal höre ich noch etwas
von Chopin, Tropfen
aus einem fernen Klavier, Nachricht
vom einfachen Leben der Seehundhirten
La Pologne La Pologne, herangespült
auf den Wellen der Spartensender

Und ich sitze und lausche
in diesem trockenen Land,
in dem es fast nicht mehr regnet,
ob aus jenen entfernten Gefilden
vielleicht noch ein Dichter herschwimmt,
möglicherweise sogar
ein lebender, der
die Szymborska noch kennt
aus ihren Gedichten, der
selbst etwas Eigenes auf
eigene Weise zu sagen vermag,
oder nur Wölfe
die Grenze queren, Zähne-
fletschend und auf dem Sprung
in hiesige Blätter, Bilder und Bücher

Tropfen regnen
aus einem fernen Klavier

(Kursiv gesetzte Zeichen aus dem Gedicht Wörtchen von Wisława
Szymborska, polnische Dichterin und Nobelpreisträgerin,
1923-2012)

Nach dem Regen

Nun leuchtet die Birke noch einmal
wie eine Seite Prosa
von Konstantin Paustowski

Doch längst wichen die heiteren Bilder
in den Gärten der Poesie,
und diffuse Traurigkeit wuchert,
nichts für die Vase,
in die schnell ergrauenden Tage,
die ein halbes Leben fast
schon dauern, seitdem man
es abschnitt von seinen Wurzeln
In allen Blättern, Organen,
auf allen Schirmen ist es
abhanden gekommen
Unbeschreibliches Weiß
breitet sich aus
auf dem Unbeschriebenen
unter der Hand,
jenseits des Regenbogens
erlosch
das einstmals verheißene Land

Ich bleibe stehen, als wäre der Weg
schon zu Ende, obwohl
die Birke noch leuchtet
und zögernd nur
ihr Laub verliert,
als wäre sie nackt
nicht ebenso schön,
aber noch friert sie vielleicht
wie ein Schulmädchen
unter der Gleichgültigkeit
so vieler Blicke –
und da sich *mein* Blick
ebenfalls abwendet

Ich habe nichts mehr zu sagen

In der Nacht leuchten die Wörter
(für Ernesto Cardenal)

Verzeih, Ernesto, dass ich
Dir diese Zeile stahl,
doch sie erinnert mich
an mehr, als nur
die Neonreklamen der sechziger Jahre,
die uns damals alle magisch
in die Welt der Kaufhäuser
und der Kinos zogen

In den Nächten jener Zeit
leuchteten mir
die Wörter der Dichter zum ersten Mal,
wie Sterne funkelten sie
in den Universen der Bücher – und ich
tastete mich vor in die
von mir noch nicht erkundeten Räume,
entdeckte die helle
und dunkle Materie
in den ungebundenen
und gebundenen Versen,
wie die staubige Germanistik sie nannte

Und ich erinnere mich,
wie Du Gast warst, später,
in meiner Stadt hier am Rand
der Galaxis, und das Leuchten
wie auch die dunkle Trauer
Deiner Gedichte in mich eindrang,
mich erfüllte, und mein Verständnis
von Dichtung und Leben
erhellte, und
es hätte der Sonnen
der Scheinwerfer, die wir stellten,
gar nicht bedurft, um alles
ins richtige Licht zu rücken

Verzeih, Ernesto, vielleicht
warst Du nie ein begeisterter Zeilendieb
wie ich – aber was
ist schon sicher unter dem Himmel

dieses hilflos mit Versen geschmückten,
geschminkten Planeten

*(Ernesto Cardenal, geb. 1925 in Granada, Nicaragua, Dichter,
katholischer Priester, Sozialist)*

Damals, in jener Schänke

Hinter beschlagenen Scheiben
leuchteten die Straßenlampen auf
wie gelbe verschwimmende Inseln
einer anderen Welt

Lange lebten wir
an jenen Abenden in den Gedichten,
die angeblich längst tot sind
in ihren staubigen Särgen
der Literaturgeschichten
und mit den Schattengestalten
hinter wenig erhellenden Fußnoten,
willkürlich
an den eigenen Haaren herbei-
gezogenen Zitaten,
alte verkannte Verwandte,
die meist wie wir
ihre Münzen abzählen mussten
fürs nächste Bier,
wobei wir redeten bis
der zausbärtige Alte an unseren Tisch trat,
wie immer, wenn wir dort waren, zu später Stunde
fragte, ob wir
in all dem Rauch,
den wir bliesen, nicht
eine Zigarette hätten für ihn

Ich erinnere mich noch
an jenen Abend, bevor
er ausblieb, an dem
er aufrauchte, sagte: Ihr zahlt doch,
mein Zettel liegt hinter
dem Tresen beim Wirt,
fragt einfach nach
dem Namen Villon

Meine sehr verehrten Damen und Herren

Ich, Boris Vian,

möchte Ihnen heute nicht die Verse
der Nutte Carmen, der Zigarrenmacherin, vorlesen,

und unter keinen Umständen das Gedicht,
in dem Papa ein Vampir ist, Mama eine Fledermaus

Weder meine Kantilenen in Gelee, noch Anrüchiges aus der Stille
meines Lebens über Knoblauch und Fußschweiß werde ich
      verbreiten

Auch nichts darüber, wie ich die Brüste eines Mädchens knete
unter einem Opernpulli aus Angorawolle,

obwohl Sie vielleicht auf die Kunstgriffe in diesem Gedicht
besonders neugierig sind

Im Übrigen hören Sie von mir auch nicht jene Zeilen,
in denen die Schwelle zur Unsterblichkeit ziemlich hoch ist

Und von mir, meine Herrschaften, erfahren Sie im Folgenden
gar nichts darüber, wie unverwüstlich eine Vorhaut wirklich ist

Auch die unvergleichlichen Zeilen über den Wind
in meinem Schädel blase ich hier nicht in die Luft,

schon gar nicht, warum ich lebe
für das gelbe Bein einer blonden Frau

Ich mache mir auch keinen Reim auf den Vorwurf, niemand zu
      lieben –
ich liebe *mich*. Ich fühle mich niemals allein

Also seien Sie auf etwas gefasst
mit viel Herz,

denn ich bin kein schlechter Kerl,
der seinen Ständer ständig im Regen stehen lässt

Und ich möchte nicht Ich will nicht Ich kann nicht

Ich lese heute gar nichts vor

Tanzen Sie stattdessen meinetwegen
den Tango der fröhlichen Militärverehrer

(Dieses Gedicht ist eine Gemeinschaftsarbeit von Boris Vian und Reiner Bonack, wobei sich die geschätzten Autoren z. Zt. noch um den jeweiligen Anteil streiten.
Boris Vian, französischer Dichter, 1920-1959)

Irrer Moment am Hasselbachplatz

Der sieht aus
wie Schopenhauer, sagte
ein kleiner aber-
witziger Junge und zeigte
auf einen Herrn mit wirrem, weißem Haar
und Koteletten am Rand
des gefurchten Feldes
in dessen Gesicht
Und ein Alter fragte: Wer
ist Schopenhauer Ich
kenne doch alle hier Meinst du
vielleicht einen der neu
Hinzugezogenen, die
jetzt alle Parkplätze von
der Leibnizstraße bis
in die Karl-Marx-Straße rein
blockieren Red schon Du bist doch
der von den Lilienthals
am Anger – oder
Aber
der Kleine stieg nur
auf sein Rad und rief
beiläufig: *Man*
muss denken wie
die wenigsten, und reden wie
die meisten, und
radelte flugs
davon –
Der Alte
verstand plötzlich
die beste seiner Welten nicht mehr

Vielleicht

Da geht der kleine Herr
van Gogh mal wieder unvorsichtig
über die Rembrandtstraße, sieht
Abgründe zwischen den Rippen
der Gullys (schon dreimal,
sagt man, hat er sich
selbst eingewiesen), soll
vor dem Umsturz (so nennt er das),
Fahrradverkäufer gewesen sein,
und den eigenen Sturz, so heißt es,
verdanke er nur
dem Alkohol, aber
wem oder was
er den Sturz
in den Alkohol verdankt,
darüber
schweigen die Leute, und ich
weiß nicht, ob ich ihn
in diesem Fall überhaupt
fragen könnte
Neulich,
sagt er, bin ich
über eine Sonnenblume gestolpert

Vielleicht bestelle ich irgendwann
bei ihm ein Bild

Auf dem Bachplatz in Köthen

Auf den Bachplatz in Köthen
schaut Bach
vom Sockel gegenüber
dem irischen Pub und ein paar
ziemlich unmusikalischen Spatzen,
sie hatten vermutlich noch nie
einen einzigen Blick
in ein *Clavier-Büchlein* geworfen, also
auch die Anmerkung *artig zu spielen*
niemals zur Kenntnis genommen

Am Bachplatz in Köthen
(das sagte ich schon?)
schaut wie gesagt
Bach, sein Name
etwas verwaschen,
in den Brunnen, der
sein Wasser unaufhörlich
in sich selbst reinspuckt,
und wo eine freundliche Frau
mir den Weg wies,
und ich, merkwürdigerweise
plötzlich etwas
von Pippo Polina vor mich hinpfiff,
während Bach
und die freundliche Frau,
ich vermute, es war
Maria Barbara Bach,
die Köpfe schüttelten
über mich, und ach
meine Illusionen, noch immer,
ich könnte mich in der Schule
in die späteren Erinnerungen der Kinder
an ihre Kindheit
hineinlesen

Tja,
und als ich
nach dem ganzen Spaß
wieder herauskam mit
der freundlichen Welt

meiner Bücher
unter dem Arm,
war meine Uhr
längst abgelaufen,
hatte die Politesse
ihre Arbeit
bereits getan

Wie mir geschah

Die Haut der Seele besteht
aus Schmetterlingsflügeln, sagte
ein Mädchen und
erhob sich, schwebte
gnadenlos davon

Und ich, am Boden, sah
im Wasserspiegel einer Pfütze
mein graues Alter,
die faltigen, kleinen Wellen
im Gesicht und stand
flügellos, festgewachsen
in meinen Jahren, wusste
längst wie mir geschah

*(Mit Motiven aus: WASSERHAUTSEELE, Gedichtband von
Ludwig Schumann, Schriftsteller und Theologe, 1951-2019)*

Kinoscheune, Moritzhof Magdeburg
(Gedicht für ein paar Mäuse)

Kein *irrer Duft von frischem Heu*
unter dem Dach erinnert
an ihre einstige Bestimmung, dort,
wo es wohl schon
seit dem *Abschied von Matjora*
niemandem mehr in den Sinn kommt,
einen Augenzeugen zu erwarten,
wo die winzigen Gerippe toter Mäuse
schon seit Jahrzehnten nicht mehr als Staub
in allen Ecken und Enden sichtbar sind,
keine Katze schleicht
oder mir, an der spannendsten Stelle,
aus dem Kinohimmel
plötzlich auf den Buckel springt

Aber da die Türen
der Toiletten sich seit längerem
nicht mehr richtig benehmen, weht
auch in den plattesten Film jetzt
bis zum glücklichen Ende
– zum Glück –
stets auch ein Hauch
von Realität, und ich
hatte unvermittelt den Eindruck,
die Leute nahmen 's gelassen und dachten
ein wenig wehmütig an
alte Zeiten zurück,
als in den Filmen noch
die Rede von ihnen war

Liebes Café

Vermisst Du nicht auch
den Duft aus fernen Ländern,
zum Beispiel Tabaks Rauch,
der aufsteigt von winzigen Sonnen,
in den die Dichter sich hüllen konnten
wie in einen Mantel, denn
ging's auf den Winter zu
hatten sie keinen
anderen, sie wären
erfroren ohne Dich, ach
fass Dir ein Herz und liebe
die Dichter wieder

Verlangen

Als ich von dir las
und sah wie verschwommen
man dich beschrieb,
sodass mir selbst dein Bild,
deine seit Ewigkeiten gleiche Erscheinung
mit dem langgestreckten Körper
vor den Augen verschwamm,
setzte ich meine Brille ab,
dachte: Neunauge,
gib mir doch
eins davon ab

Nicht zu sagen

Lange Zeit
ignorierte ich
das Vergehen
der Zeit

Für einen kurzen Augenblick
an jenem Abend aber
sang eine Amsel

Mehr
habe ich in meinem Vortrag
über das Glück
nicht zu sagen

DIESE ALTEN STEINE

DES KLOSTERS, SAGT DER RABE

Mahnung

Diese alten Steine
des Klosters, sagt der Rabe, gut
um ein wenig den Blick
schweifen zu lassen, lautlos
wächst Gras den Hof zu und
die Geschichte, du hörst
Stimmen, meinst du, angeblich
aus alter Zeit, und siehst, vermeintlich
mehr als die dunklen Kutten
der Mönche im Schweigen –
Ich aber spreche,
nimm das zur Kenntnis, wirklich
von meinem Dasein zu dir

Erscheinung

Unerwartet, ungerufen, im grellen Licht
des Supermarkts stand er plötzlich
vor mir, Lichtgestalt zwischen
kunstvoll beleuchteten Birnen, Bananen, sprach:
Ich bin der Engel der Ausbeutung, du
siehst mich nur in klaren Momenten, nackt,
wie mich jetzt kein anderer sieht,
oder wenn du deine Begierden, blutig lächelnd,
nicht mehr stillen kannst durch meine
milden Gaben, du mich
abschaffen willst mit einem Schlag,
dem ich ausweiche, stets, in das
für dich nicht Sichtbare, und der,
triffst du mich dennoch
in seltenen Momenten des Schlafs,
dich wie ein vielfach verstärktes
steingewordenes Echo auslöscht
bis ins Vergessen, also
bleib ruhig, streichele die Dinge
weiterhin, die du siehst,
und preise mein
wunderbar buntes Kleid

Lichter Moment

Die Hunde, schattenlos, im Mittagslicht am Kai,
das Bild zuckt auf, zuckt in mein Aug, verzuckt, vorbei
und aus dem Sinn wie alle Flatterbilder,
Folterbilder, Hungeraugen und Ruinen
An meinem reich gedeckten Tisch kein Toter,
den mein behaglich-kaltes Schweigen mitverschuldet,
ich fresse, kaufe, saufe was der Magen duldet

Mein Name, was ich bin und war und tu
gehört der Werbung, ist: als Zahl Statistiken zu heilen,
den Mordsspaß hierorts nicht zu störn
Wie könnt ich mich entziehn und mir gehörn,
als Nachricht sterben Baum und Luft und Fisch
erneut, und lautlos in den Wassern, die die Kontinente teilen,
verrecken jene, die aus ausgelaugten Ländern fliehn

Da hilft kein Schrei, kein Schreiben, Fahnen hissen
Ich krümele, obwohl es selten drückt, bedrückt,
in meine Texte bruchstückhaft Gewissen,
tupfe Grau, ein ungeschöntes Sinnbild scheint geglückt
Doch was mich wirklich aufstört, täglich
mir ins Wort fällt, pochend, Stoff für Elegien,
ist das Eine nur:

Es tickt an meinem Handgelenk,
wie oft gemessen,
zu schnell die eigne Lebensuhr

Handlung

Die Wüstengrillen,
kleine Gesichter
vor meinem Gesicht,
springen und springen
in schmaler Dose
gegen durchsichtige Wände,
bis jemand sie
kauft,
erlöst

Allein

Das kahlgewärmte Land
ist sichtbar jetzt
in seiner Nacktheit
Keine Flechten, Moose, Gräser
Keine Menschenspur, im Wind
kein Samen, nur ein erster Vogel
irrt, der Ton
ist abgestellt, kein Laut
dringt in den winterwarmen Raum
Das Mädchen lutscht Bonbons, es staunt
wie hell das Fell
des Eisbärn glänzt in greller Sonne

Leerer Hof

Wo ist der Junge, der auf dem Hof spielte, gestern noch
und an so vielen vergangenen Tagen
Kieselsteine in die Luft warf als Sterne
und bis in die Nacht wohl wartete,
dass sie funkelnd am Himmel erscheinen,
der Junge, der vor der Wäschespinne immer
ein wenig Angst hatte, er könnte sich
in ihrem Netz verfangen, und sie
könnte ihm bis in die Träume folgen,
der, manchmal, ein Lied aus drei Worten sang,
mit den Knöcheln der Finger ekstatisch dazu
auf der silbernen Haut des Containers trommelte
und dabei lachte – und über den
alle stirnrunzelnd lachten

Wo ist der Junge

Komischer Vogel

Ich weiß nicht, sagt sie, warum
dieser wenig grüblerische Papagei
plötzlich ein Gedicht
über den Regenwald aufsagt

Ich weiß nicht, sagt sie, warum
Ich rede doch immer bloß so
wie mir der Schnabel gewachsen ist

Ich weiß nicht, sagt sie, warum
das ausgerechnet nachts um halb vier sein muss,
wenn jeder normale Papagei
schläft

Ich weiß nicht, sagt sie, warum
er wennschon dennschon nicht
unsere heimische Flora und Fauna besingt

Ich weiß nicht, sagt sie, wie lange
ich diesen komischen Vogel noch
aushalten werde

Schieb ab

Wünsche

Noch einmal Kastanien sammeln gehn, sagt sie
Noch einmal am Brunnen stehn,
vor dem Tor, am Rand des Dorfplatzes,
die Brote rufen hören, und glauben,

dort unten
rosteten nicht
die eilig weggeworfenen Gewehre

Noch einmal mit dem kleinen, klapprigen Auto an die See fahren,
sehn, ob es die winzige Kate mit dem Schilfdach
hinter der buckligen Düne noch gibt

Oder endlich die Namen der Sterne lernen, die den Mai schmücken,
den Monat Oktober, November, den Weihnachtshimmel

Oder, ohne ihn jetzt, da er nur noch in meiner Erinnerung lebt,
hinter selbstgefertigten Transparenten hergehn

Und ein bisschen sparen, mehr als nur für den Tod, damit
die Kinder der Kinder gut leben können,
dereinst,

Und die Hände in den Schoß legen,
und den Staub wachsen lassen
in der Wohnung, dass sie
mit mir ergraut

Aber es ist keine Zeit mehr,
wenn die Ewigkeit wartet

Die Verlorenen

Mit verkrampfender Miene,
sich des Wunders noch bewusst,
standen sie, lange wartend,
im Regen, im Dreck, schon
weichten die Pappen, Parolen
für oder gegen
die Heilung des Staats,
gingen dann,
einzeln, vereinzelt, langsam
in Richtung der müßigen Tage
ohne Arbeit und
weitere Aussicht davon
Irgendetwas färbte ihr Haar grau
Irgendetwas erinnerte
Weihnachten an das Licht ihrer Kerzen
Ihr Schein jedoch lag
längst nicht mehr auf der Hand

Weg

Während der Oktober langsam
aus den Spitzen der Bäume herabsteigt,
schützend seine Decke aus Laub legt
auf müdes Gras und silberne Fäden spannt
vom Haar der alten Weide
zurück bis in fast vergessene Jahre,
das Gedächtnis sich öffnet
wie ein lange verschlossener Raum
mit abgestellten Bildern, die du
plötzlich wiedererkennst wie einstmals
vertraute Bekannte, und ins Gesicht
dir weht der Geruch
eines längst erloschenen Kartoffelfeuers,
oder der Schrei einer Bahn, fernher, nachts
in dein Ohr hallt, das Flimmern
auf einer Leinwand, Samstags, 18 Uhr,
magisch dich anlockt fast
wie die Münder der Mädchen
aus anderen Klassen,
während du also gleichzeitig hier bist
und dort, und es ungewiss ist,
ob die Tür, morgen, wenn
der erwartete Schnee ins Haar fällt,
Frost vereist,
noch offen sein wird,
und auf welcher Seite
du dich gerade befindest,
gehst du langsam zurück
und weißt nicht wohin

Kreislauf

Immer kommt sie
wenn es regnet

Immer
sagt sie, geht sie,
an der Tür: vergiss
die Tropfen nicht

Immer
geht sie, und
es regnet dann
so selten

Am hintersten Tisch

Die matten Gespräche
über Alter, Krankheit und Tod,
als beträfe es sie
nicht selbst,
als wären sie müde
vom gelebten Leben
anderer,
als probten sie
wie man unbewegt bleibt
von dem, was andere
bewegt

Es ist ein verlorenes,
plötzlich wiedergefundenes Wort,
das stocken lässt
den Aufwuchs
der großen Stille
in ihnen

Sonderling

Nebel wehte
Wie ein Vorgefühl von Trauer
wehte Nebel und
die Gestalten der Bäume
wichen vor ihm, der wie ein Schatten
seiner schlimmsten Erinnerung aussah,
zur Seite, wussten nichts
von der Zeit der geflickten Schuhe,
in der er das Gewicht
von kleinen Käfern bestimmen wollte

Noch immer lastete
der Fehlversuch auf
seiner Seele, als hätte er
nach den Jahren der großen Verbrechen
selbst ein Verbrechen begangen

Mitten auf der Straße ging er
den Weg in Richtung
seiner Nachkriegskindheit zurück

In aller Stille
fand später
die Beerdigung statt

Wie

Als ich an der Kapelle vorüberging,
in der die Toten für die kalte Dauer
eines georderten Abschieds aus Blumen,
Musik und gesetzten Worten
ausharren, und eine Stimme,
als wäre *ich* gemeint,
in mein langsames Dahingehen drang,
von erfülltem Leben sprach
und dass man des Toten
in Liebe gedenken werde,
fragte ich mich plötzlich
mit stockendem Atem: Wie
lebe *ich*,
schlug
den Mantelkragen hoch,
ging schneller und schneller
ins Gewohnte davon

Möglicher Trost

Im Halbdämmer
eines späten Wintertages vielleicht,
es gibt kein Geheimnis,
es gibt keine Blendung,
kein verstümmeltes Hoffen,
entfernt die funkelnden Feste,
der Rausch des Schreibens,
die berauschenden Nächte,
nur gültig das
für alle Zeit gültige
Ende

SCHAU,

DIE MILCHSTERNE BLÜHN

Stand

In den Wind gerufen
Wie er schrie
So viele Worte
verlor ich noch nie

Das nicht Gelebte –
für immer versagt
Wohin fliegt die Amsel,
bevor es tagt

Beschreibung meines Sommers

Unbemerkt alterten
die wortkargen Blumen im Raum

In den Regalen erloschen
die Gedichte vom Meer

Der Staub der Dämmerung
in den Zimmern legte sich nicht

Nachts
streckte ich meinen Arm aus,

wartete auf das Glück
im Schlaf dein Gesicht zu sehn

Etwas entfernt sich von mir

Vielleicht die Feder, mit der ich
dich zeichnete für mich

Vielleicht die Zeit aus der Uhr,
die du mir schenktest

Vielleicht die Fäden aus Licht
in jenem längst verstorbenen Wald

Vielleicht das gilbende Blatt Erwartung
an den beginnenden Herbst

Vielleicht die Sterne, die wir sahen, und
denen wir folgten bis zum Erlöschen

Vielleicht die Stille, die schmerzlos
den Raum füllte, wenn wir schwiegen

Vielleicht mein Schweigen,
als du für immer verstummtest

Wer, wenn ich schriee,
hörte mich denn

Etwas entfernt sich von mir
Ich habe keinen Namen dafür

(Kursiv gesetzte Zeilen aus Die Duineser Elegien
von Rainer Maria Rilke)

Weißt du,

ich wusste nicht, wie ich
dich ansprechen sollte, damals,
mit meinem Verlangen
nach deinem Blick,
nach mehr
als nur den Hauch
eines Duftes, der
stehen blieb mit dir,
und wie ich aus meiner
steifen Unsichtbarkeit
heraustreten und
wie ich mich,
ohne Gestammel,
außerhalb eines Gedichts
aus dieser lähmenden Verzauberung
lösen könnte
Ich weiß nur, du fragtest:
Hast du Feuer, und das
war der Beginn
unseres jahrzehntelangen Gesprächs,
das jäh endete, als ich
zum letzten Mal deine Hand hielt –
das dennoch
nie enden wird

Stimmen

Das Herz sagt: Zieh
dieses schneidende Messer heraus,
ich kann
nicht leben damit,
nicht verbluten

Das Meer sagt: Es ist
mir egal, ob du gehst, ob du bleibst,
was du tust, was du lässt

Der Mond sagt: Bleib fern,
mir selbst fehlt seit langem
die Luft zum Atmen

Der Traum sagt: Wähle
zwischen dem Schmerz des Erinnerns und
dem Schmerz des Vergessens –
wenn du es kannst

Der Spiegel sagt: Eigentlich
bin ich kalt und oberflächlich wie alle
Spiegel, ich konnte
ihr Bild nicht mehr halten – vielleicht
siehst du sie dennoch ohne mein Zutun

Die Stille sagt: Hüll dich ein
in mich und friere ein wenig
mit mir, bevor ich dich
möglicherweise wieder wärme

So sprechen das Herz, das Meer, der Mond,
der Traum, der Spiegel, die Stille

Es schweigt
nur der Tod

Novemberabend

Dunkelnde Stunden,
der Winter nah
Kälte kräuselt die Haut
Nie hat es mir jemals zuvor
so sehr vor dem Winter gegraut

Herbst
(1.10.2018)

Herbst an der Klinik
Herbst im Gesicht
Spiegelnde Scheiben
Ich bange um dich

Herbst an der Klinik
Herbst im Gesicht
Der Trost der Bäume
tröstet mich nicht

Im Garten der Sinne
altert das Blühn
Noch leuchten die Sonnen
bevor sie verglühn

Im Garten der Sinne
brennt wilder Wein
Bald frier ich im Sommer
Bald bin ich allein

*(Wer möchte leben ohne den Trost der Bäume,
Günter Eich, 1907-1972)*

Wunsch

Ein wenig noch
am Leben bleiben,
mit dir
die Weide altern sehn,
mit nicht erschöpften Worten
schreiben,

gehn

AUF DEN HELLEN FÄDEN
deines Haars glitzert Regen
Komm schnell ins Haus

Es wird wieder wachsen, Liebste
Es wird wieder wachsen

ALTE BÄUME
Eine Wildblumenwiese

Aber die Bienen, sagst du,
stehst, schaust
durch das Glas der Klinik

DER KUCKUCK RUFT
Zwei Jahre, sagst du,
wären schon viel

Ach Kuckuck, lass doch,
sagst du,
die schönen Lügen

Lächelnd
weinst du

DIE WIESE AM SEE
Geh langsam
Du hältst mich
Schau,
die Milchsterne blühn

Abschied vom Meer
Ein Stein
wärmt unsere Rücken

Vor deinen Schuhen
kleine Igel
Behutsam weichst du
aus, als lebten
die Kastanien darin

DEZEMBERMORGEN

Vergiss die Krümel nicht
für unsere Fliege

NOCH BLÜHTEN DIE EISBLUMEN
Noch schliefen die Schneeglöckchen
in kalter Erde

Noch wärmten deine Hände
vor dem Erkalten – meine

NACHTS, IM TREPPENFLUR
die schnellen Schritte

Wer sollte kommen
außer dir,
die niemals mehr kommt

KALT IST ES
Komm doch
Dein Mantel wartet
Wie wirst Du frieren, jetzt,
unter der Erde

Du

wer gab mir auf vor unsren Jahren
so selten ich zu sagen, es
zu verstecken hinter einem Wir

Ich weiß es nicht, weiß nur:
Durch dich – durch dich fand ich zu mir

AUCH IN DIESEM JAHR
singt deine Nachtigall, Liebste
Hör doch
Bitte hör doch

Warum hörst du sie nicht

BLAUREGEN FLOSS
Die Wasserfälle
des Frühlings erwachten

Kalt, in meinen Augen,
brennt nun der Sommer

UNSICHTBAR MACHTE
Regen den Schnee, löschte
den Winter und deine Spur

Doch sehe ich dich
gehen und gehen und – friere

DEINE ASTERN, SIE SEHEN
traurig aus wie Gesichter
hinter Scheiben eines Busses
im Regen
Da musste ich lächeln

MITTSOMMERNACHT
Aneinander gelehnt – für immer
im magischen Licht

REINER BONACK

wurde 1951 in Senftenberg geboren und wohnt seit vielen Jahren in Magdeburg. Er ist gelernter Zerspaner und arbeitete in vielen verschiedenen Berufen. Von 1976 bis 1979 studierte er am Institut für Literatur J. R. Becher in Leipzig. Bis 1990 war er freiberuflich tätig. Danach u.a.: Journalist, Mitarbeiter in einem Theaterverein, Mitarbeiter in der Stadtbibliothek Magdeburg (Redakteur der Anthologie „Schauplatz Magdeburg") sowie Mitarbeiter für Öffentlichkeitsarbeit und Projektplanung in einem Mehrgenerationenhaus. Zahlreiche Veröffentlichungen, darunter mehrere Lyrikbände, ein Band mit Kurzprosa, ein Buch mit Nachdichtungen dänischer Lyrik aus zwei Jahrhunderten sowie acht Kinderbücher. 1995 Haiku-Preis zum Eulenwinkel.

INHALTSVERZEICHNIS